BEI GRIN MACHT SICH IHR WISSEN BEZAHLT

- Wir veröffentlichen Ihre Hausarbeit, Bachelor- und Masterarbeit

- Ihr eigenes eBook und Buch - weltweit in allen wichtigen Shops

- Verdienen Sie an jedem Verkauf

Jetzt bei www.GRIN.com hochladen und kostenlos publizieren

Bibliografische Information der Deutschen Nationalbibliothek:

Die Deutsche Bibliothek verzeichnet diese Publikation in der Deutschen Nationalbibliografie; detaillierte bibliografische Daten sind im Internet über http://dnb.d-nb.de/ abrufbar.

Dieses Werk sowie alle darin enthaltenen einzelnen Beiträge und Abbildungen sind urheberrechtlich geschützt. Jede Verwertung, die nicht ausdrücklich vom Urheberrechtsschutz zugelassen ist, bedarf der vorherigen Zustimmung des Verlages. Das gilt insbesondere für Vervielfältigungen, Bearbeitungen, Übersetzungen, Mikroverfilmungen, Auswertungen durch Datenbanken und für die Einspeicherung und Verarbeitung in elektronische Systeme. Alle Rechte, auch die des auszugsweisen Nachdrucks, der fotomechanischen Wiedergabe (einschließlich Mikrokopie) sowie der Auswertung durch Datenbanken oder ähnliche Einrichtungen, vorbehalten.

Impressum:

Copyright © 2017 GRIN Verlag, Open Publishing GmbH
Druck und Bindung: Books on Demand GmbH, Norderstedt Germany
ISBN: 9783668502062

Dieses Buch bei GRIN:

http://www.grin.com/de/e-book/368994/polnisch-ostslawische-kulturbeziehungen-1598-1795

Margarita Sonnenberg

Polnisch-ostslawische Kulturbeziehungen (1598-1795)

GRIN Verlag

GRIN - Your knowledge has value

Der GRIN Verlag publiziert seit 1998 wissenschaftliche Arbeiten von Studenten, Hochschullehrern und anderen Akademikern als eBook und gedrucktes Buch. Die Verlagswebsite www.grin.com ist die ideale Plattform zur Veröffentlichung von Hausarbeiten, Abschlussarbeiten, wissenschaftlichen Aufsätzen, Dissertationen und Fachbüchern.

Besuchen Sie uns im Internet:

http://www.grin.com/

http://www.facebook.com/grincom

http://www.twitter.com/grin_com

Fakultät III - Sprach- und Kulturwissenschaften

Institut für Slavistik

lan044 Sprachkontakt und Sprachwandel II

Kulturhistorische Hintergründe des sprachlichen Wandels

Polnisch-ostslavische Kulturbeziehungen (1598-1795)
- Referatsausarbeitung -

Margarita Sonnenberg

Fachmaster: Sprachdynamik: Erwerb, Variation und Wandel

Wintersemester 2016/17

Abgabedatum: 29.03.2017

(i) Inhaltsverzeichnis

(i) Inhaltsverzeichnis 2
(ii) Abbildungs- und Tabellenverzeichnis 2
1.) Einleitung 3
2.) Textanalyse: *беседа со планиты* 3
3.) Kulturhistorischer Hintergrund 5
    3.1.) Zeit der Wirren (Smuta) 5
    3.2.) Aufstieg der Romanovs und Moskaus 7
    3.3.) Dritter Südslavischer Einfluss 9
4.) Fazit 10
5.) Anhang 12
    5.1.) Gedicht: *беседа со планиты* 12
    5.2.) Vertrag von Deulino (Karte) 13
    5.3.) Vertrag von Andrussowo (Karte) 13
6.) Quellenverzeichnis 14

(ii) Abbildungs- und Tabellenverzeichnis

Abbildung 1: Territoriale Ausdehnung Polen-Litauen (Vertrag von Deulino) 13
Abbildung 2: Territoriale Ausdehnung Zarenreich (Vertrag von Andrussowo) 13

Die Abbildungen im Anhang wurden für die Publikation entfernt, sind aber unter den angegebenen Links zu finden.

1.) Einleitung

Das Referat zum Thema „Polnisch-ostslavische Kulturbeziehungen (1598-1795)" wurde als Teil der Übung „Kulturhistorische Hintergründe des sprachlichen Wandels" am 23.12.2016 gehalten. Hierbei handelt es sich im Wesentlichen um die Fortsetzung eines zuvor gehaltenen Referates über die Entstehung Polen-Litauens und die daraus resultierenden Kontakte und Auswirkungen. Die Schwerpunkte meines Referates lagen zum einen bei der Zeit der Wirren (1598-1613), der Romanov-Dynastie (ab 1613) und dem Aufstieg Moskaus, zum anderen bei dem daraus resultierenden langsamen Zerfall der Rzeczpospolita (ab 1667). Auch die Entstehung der Mohyla-Akademie und der Dritte Südslavische Einfluss spielten eine wichtige Rolle.

Aus diesem Grund ist meine Ausarbeitung wie folgt aufgebaut: Den ersten Teil meiner Arbeit bildet eine kurze Textanalyse des Gedichts *беседа со планиты*, verfasst von Simeon Polozki. Hier soll besonders auf die Textsorte und die Diglossie eingegangen werden. Darauf folgt eine Einordnung in den historischen Kontext, wobei Smuta, Aufstieg Romanovs, Aufstieg Moskaus und der Dritte Südslavische Einfluss die Basis bilden. Abgerundet wird das Ganze mit einem kurzen Ausblick.

2.) Textanalyse: *беседа со планиты*

Bei dem vorliegenden Text *беседа со планиты* (siehe 5.1.) handelt es sich um ein Gedicht aus dem Jahre 1655, das von Simeon Polozki verfasst wurde. Polozki selbst erhielt seine Ausbildung an der renommierten Mohyla-Akademie in Kiew und widmete sich schon früh widmete der Poesie, weshalb er noch während seiner Ausbildung Gedichte in polnischer Sprache[1] verfasste. Später kamen noch zahlreiche Werke in lateinischer und weißrussischer Sprache hinzu. Polozkis Leben änderte sich abrupt, als er auf den Zaren Alexej I. traf, der von seinen literarischen Arbeiten derart begeistert war, dass er ihn nach Moskau berief. Im Gegensatz zum Westen hatte das ostslavische Mittelalter keine weltliche Poesie hervorgebracht[2], da die Kirche es nicht zuließ, dass Volkspoesie jemals schriftlich fixiert wurde. Begründet wurde dies damit, dass „kein Platz für Spekulationen über menschliche Dinge, die nicht unmittelbar mit der Erlösung der menschlichen Seele zusammenhängen"[3] war. Somit fand Dank Polozki eine neue literarische Form ihren Weg ins

---

[1] Akafist Bogorodice (1648) (vgl. Sazonova: 2016)
[2] Zwar existiert das Igorlied, allerdings ist umstritten, ob es sich nicht doch um eine Fälschung handelt.
[3] Isačenko (1980)

Moskowitische Reich, von der auch der Zar selbst nicht abgeneigt war. Mit der Zeit etablierte sich Polozki komplett ins höfische Leben und erschuf zahlreiche dichterische Werke, für die er vom Zaren reichlich entlohnt wurde.

Auch das Gedicht *беседа со планиты* entstand zu der Zeit, als Polozki als Hofdichter, persönlicher Lehrer und Erzieher der Zarenkinder tätig war. Verfasst wurde es anlässlich der Geburt Simeons, eines Sohnes des Zaren. Dieser verstarb allerdings einige Jahre später. Inhaltlich befasst sich der Text mit der Zukunft des jungen Zarensohnes. Man kann sogar sagen, dass es sich um eine Art Schicksalsvoraussagung handelt. Polozki, der auch in Bereichen wie Astronomie und Astrologie besonders gut versiert war, bezieht sich in seinem Geburtshoroskop auf die griechische bzw. römische Mythologie. Unterschiedliche Götter sprechen Wünsche aus und sagen dem jungen Zarensohn eine Zukunft voller Glück, Schönheit, Kraft und Mut voraus. Das Gedicht besteht zum größten Teil aus wörtlicher Rede und enthält einen Paarreim, wodurch der Text direkt als Poesie erkannt wird.

Bei der sprachlichen Gestaltung hat sich Polozki für das damals gebräuchliche Kirchenslavisch entschieden. Dies war nicht unüblich, da das Kirchenslavische zu dieser Zeit die wichtigste slavische Literatursprache war. Zur alltäglichen Kommunikation hingegen wurde meist das Ostslavische verwendet. Grund hierfür war die ungewöhnliche Diglossiesituation, die im Zarenreich herrschte. Bei einer Diglossie geht es im Wesentlichen um eine strikt komplementäre Verteilung zweier Sprachsysteme in unterschiedlichen Kommunikations-kontexten[4]. Normalerweise überschneiden sich die Gebrauchssituationen beider Sprachen nicht.

Die unterschiedlichen Verwendungsbereiche führen dazu, dass zwischen zwei Varietäten unterschieden wird, der *high-variety* (in diesem Fall die kirchenslavische Hochsprache) und der *low-variety* (hier das autochthon Ostslavische). Wie die Bezeichnungs high-variety es schon andeuten lässt, wurde diese Sprache für Bereiche wie Religion, Literatur und Politik verwendet. Zweiteres eher für alltägliche und volkstümliche Situationen. Demensprechend entstanden im Laufe der Zeit zahlreiche literarische und sakrale Texte in kirchenslavischer Hochsprache.

Polozki besaß ein breites Spektrum an Wissen, das von Astronomie bis zu Grammatik, Rhetorik und Beherrschung relevanter Sprachen reichte. Im Großen und Ganzen kann behauptet werden, dass er sprachlich sehr gewandt war. All diese Dinge lernte er – wie bereits erwähnt – in der Mohyla-Akademie, die zu dieser Zeit eine innovative und reformierte orthodoxe Bildungsstätte darstellte. Gegründet wurde das Kollegium im Jahre 1632 von Petro

---

[4] Hentschel (1997)

Mohyla und löste damit das zuvor stark vernachlässigte und veraltete orthodoxe Schulwesen ab. Organisiert wurde diese Schule nach westlichem Muster und legte den Grundstein für die universitäre Bildung in Osteuropa. Das Besondere an dieser Akademie war die Tatsache, dass eine Synthese orthodoxer-ostslavischer und westlicher Kultur stattfand. Gelehrt wurde in Griechisch, Latein, Kirchenslavisch und Polnisch, weshalb die Absolventen dementsprechend fließend und sicher mit den Sprachen umgehen konnten. Des Weiteren wurde nicht nur die Theologie thematisch behandelt, sondern auch humanitäre Wissenschaften, wie beispielsweise Grammatik oder Rhetorik (artes liberales). Absolventen dieser Akademie stellten in der damaligen Zeit im Wesentlichen die ganze kulturelle Elite der damaligen Ukraine und Weißrusslands dar.

Zusammenfassend kann man sagen, dass einiges geschehen musste, damit es überhaupt so weit kommen konnte, dass Polozki und somit der westliche bzw. ruthenische Einfluss seinen Weg ins Zarenreich fand. Jahrelang lebte die Kiever Rus' und anschließend auch das Moskowitische Reich isoliert, sodass westliche Einflüsse so gut wie nie das Land erreichten. Polen-Litauen hingegen (darunter selbstverständlich auch das ruthenische Gebiet) bekamen jegliche Reformationen, Gegenreformationen und sämtliche anderen Veränderungen in den Nachbarländern mit. Wie es schließlich dazu kam, dass diese Einflüsse und Veränderungen das Zarenreich erreichten und ein polnisch-ostslavischer Kulturkontakt entstand, soll im nächsten Teil meiner Ausarbeitung geklärt werden.

3.) Kulturhistorischer Hintergrund

Nachdem im vorangehenden Kapitel eine kurze Analyse und Einordnung der Textsorte stattgefunden hat, sollen im weiteren Verlauf die Geschehnisse näher betrachtet werden, die dazu führten, dass das Moskowitische Reich seine Tore dem westlichen Einfluss öffnete. Auch einige daraus resultierenden Folgen sollen besprochen werden.

3.1.) Zeit der Wirren (Smuta)

Nach dem Ende der Rurikiden-Dynastie[5] im Jahre 1598, herrschte im Moskowitischen Reich eine Zeit voller Angst und Unwissenheit. Dies ist zu einem großen Teil Ivan IV. (1533-1584)[6] zuzuschreiben, der dem Reich durch seine betriebene Innenpolitik ein schweres Erbe

---

[5] Die Rurikiden waren ein Fürstengeschlecht warägischer Herkunft und herrschten von 862 bis 1598. Der Tod Fjodors I. beendete schließlich diese Dynastie. Er war der dritte Sohn Ivans IV. und wurde 1584 zum Zaren gekürt. Da er allerdings gesundheitlich stark eingeschränkt war, verstarb er einige Jahre später. Auch alle Nachkommen verstarben kurz nach der Geburt, sodass die Rurikiden-Dynastie im Wesentlichen ausstarb.
[6] Regierungszeit; War der erste gekrönte russische Zar.

hinterlassen hat. Durch tiefgreifende Reformen stärkte er auf Kosten der mächtigen Bojaren den niederen Dienstadel. Besonders die zahlreichen Kriege und der innere Terror schwächten das Land sehr. Aus diesem Grund war die Situation in dem einst so mächtigen Reich in der Zeit zwischen 1598 und 1613 von wirtschaftlicher Zerrüttung, bäuerlicher Massenflucht und großen Hungersnöten geprägt. Allein Anfang des 17. Jahrhunderts lassen sich ganze drei Hungersnöte festmachen.

Die Zeit der Wirren (russ. смутное время) zeichnet sich besonders durch rasche Herrscherwechsel aus. In nur 15 Jahren standen offiziell vier verschiedene Männer an der Spitze der Macht. Den Anfang bildete Boris Godunov (1598-1605), der allerdings bereits Jahre vorher inoffiziell als Vormund Fjodors I. agierte. Durch die Wahl des Zemskij Sobor[7] gelangte er an die Macht und versuchte das Moskowitische Reich aus der Rückständigkeit zu führen. Allerdings stieß er bereits früh auf Widerstand der Moskauer Bojaren, die ihn für den Tod Dimitris, des jüngsten Sohnes Ivans IV. verantwortlich machten. Nach Godunovs plötzlichem Tod im Jahre 1605 folgte ihm dessen Sohn Fjodor II. Godunov (1605) auf den Zarenthron, wurde allerdings kurz darauf unter Arrest gestellt und schließlich ermordet. Grund hierfür war ein Mann, der kurz vor dem Tod seines Vaters ins Land kam und die Gunst der Massen für sich gewinnen konnte. Dieser Mann gab sich für den für Tod erklärten Dimitri aus und wurde schließlich unter dem Namen Pseudodimitri[8] bekannt. Besonders die Bojaren waren überzeugt, dass es sich ohne Zweifel um den vermissten Sohn handele, da auch Wassili Schuiski, der den Fall damals untersuchte, ihn erkannt haben soll. Der falsche Demetrius (1605-1606) schaffte es schließlich mit Hilfe des polnischen Königs Zygmunt III. Wasa (1587-1632) auf den Zarenthron, konvertierte zum Katholizismus und heiratete die polnisch-litauische Adelige Marina Mniszech. Aufgrund dieser Heirat kam es schließlich dazu, dass 1606 ein polnisches Heer in Moskau einzog. Die zahlreichen Soldaten, die katholische Hochzeit und die polnischen Sitten schürten die Ängste der russisch-orthodoxen Bevölkerung. Gerüchte über ein geplantes Massaker machten sich in Moskau breit, sodass Dimitri I. mehr und mehr die Unterstützung der Bojaren verlor. Eine blutige Revolte, angeführt von Schuiski selbst, entfachte und der falsche Demetrius wurde ermordet. Marina und ihr Gefolge wurden schließlich nach Polen zurückgeschickt und Wasili IV. Schuiski (1606-1610) besetze den russischen Zarenthron. Er stellte den letzten offiziellen Herrscher dieser Periode dar, wurde allerdings nach nur vier Jahren gestürzt und starb in polnischer Gefangenschaft. Während

---

[7] Ständische Landesversammlung, die im 16. und 17. Jahrhundert tagte. Mitglieder waren Vertreter der Stände mit Ausnahme der hörigen Bauern.
[8] Es sind noch mindestens zwei weitere Personen bekannt, die sich im Laufe der Geschichte für den Sohn Ivans IV. ausgaben. Beide wurden von Marina, der Frau des ersten Pseudodimitris, anerkannt und als der wahre Dimitri akzeptiert. Nichtsdestotrotz wurden auch sie nur kurze Zeit später ermordet.

seiner Regierungszeit entfachte aufgrund innenpolitischer Schwäche und des Thronanspruches des polnischen Königs der polnisch-moskowitische Krieg (1609-1618). Dieser Krieg begann mit einer zweijährigen Belagerung der Stadt Smolensk. Diese Belagerung führte dazu, dass sich das Moskowitische Reich 1610 auf Verhandlungen einließ, in denen festgelegt wurde, dass der Sohn des polnischen Herrschers, Władysław IV. Wasa, zum Zaren gekrönt werden soll. Allerdings sollten im Gegenzug die Rechte der orthodoxen Kirche bestätigt werden und ein Militärbündnis mit Polen entstehen. Außerdem sollte der Moskowitische Adel dieselben Rechte wie der polnische Adels[9] erhalten. Denn zu der Zeit der Rzeczpospolita (1569-1795) besaß der polnische Adel untypischerweise zahlreiche Privilegien, die die Adelsgeschlechter anderer Länder nicht ihr Eigen nennen konnten. Władysław IV. Wasa wurde zum designierten Zaren, schaffte es allerdings nie endgültig auf den Thron, da kurz darauf sein Vater den Thron für sich beanspruchte. Die Situation im Moskowitischen Reich spitze sich immer weiter zu. Gewalt, Unterdrückung und Raubzüge standen auf der Tagesordnung, sodass sich die orthodoxe Gesellschaft immer weiter gegen die katholischen Kriegstreiber auflehnte. Es kam zu zahlreichen Aufständen in Moskau, was zu einem Rückzug der polnischen Truppen führte. Zur selben Zeit suchte der Zemskij Sobor nach einer Lösung, um die herrscherlose Zeit zu beenden. Schließlich wurde Michail aus dem Geschlecht der Romanovs auserwählt, um die Lage im Land unter Kontrolle zu bekommen. Mit der Krönung Michails zum Zaren endet schließlich die Smuta-Periode im Moskowitischen Reich. Unter Michail I. (1613-1645) kam es dann 1618 zum Ende des polnisch-moskowitischen Krieges. Im Vertrag von Deulino wurde ein Waffenstillstand für 14 ½ Jahre ausgehandelt. Des Weiteren wurden territoriale Zugeständnisse an Polen-Litauen gemacht, wonach Smolensk, Tschernihiw und Nowhorod-Siwersky annektiert wurden (siehe Anhang 5.1). Durch Abmachung erreicht Polen-Litauen 1618 seine größte territoriale Ausbreitung.

3.2.) Aufstieg der Romanovs und Moskaus

Mit der Wahl und der Krönung Michails I. (1613-1645) aus dem Geschlecht der Romanovs wird im Moskowitischen Reich eine neue Herrscherdynastie geboren, die mehr als 300 Jahre andauern soll. Begründet wurde diese Wahl unter anderem damit, dass es sich bei den

---

[9] Die freie Königswahl, die für den polnischen Adel die Erfüllung der Vorstellung von eigener Würde darstellte, war nur ein Bruchteil von den vorhandenen Sonderrechten. Daher ist es nicht verwunderlich, dass jeder „Außenstehende" dazugehören wollte und sich so gut es geht assimilierte. Die polnische Sprache war dafür essentiell und besaß dementsprechend sehr hohes Prestige.

Romanovs um ein bedeutendes Bojarengeschlecht handele und auch, dass Michail Fedorovič Romanov ein fernen Verwandten des ersten russischen Zaren Ivans IV. war. Nach Michails I. Tod folge ihm sein Sohn Alexej I. (1645-1676), der den Beinamen „der Sanftmütigste" erhielt, auf den Thron. Unter seiner Herrschaft kommt es zu einem wesentlichen Ereignis, das zu einem wiederholten Konflikt mit der Rzeczpospolita und schließlich zu einem erneuten Russisch-Polnischen Krieg (1654-1667) führt. Die Rede ist vom Chmelnyzkyj-Aufstand (1648-1657), der im Wesentlichen den allmählichen Untergang Polen-Litauens und den Aufstieg des Zarenreiches einläutete. Bei dem Initiator dieses Aufstandes handelt es sich um Bohdam Chmelnyskyj, Sohn eines ukrainischen Kleinadeligen, der eine Jesuitenschule besucht hat und dementsprechend einen recht ansehnlichen Bildungsstand besaß. Aufgrund der Tatsache, dass polnische Adelige sein Gut beansprucht und geplündert haben, kam es zu starken Auseinandersetzungen, die sogar vor Gericht kamen. Dieses Verfahren fiel für Chmelnyzkyj jedoch negativ aus, woraufhin sich dieser ins Zaparozer Sic, ein Gebiet nördlich des Dnjepr, begab. Dort wurde er 1648 zum Kosakenhetman gewählt und führte ab diesem Zeitpunkt einen erbitterten Kampf gegen die Herrschaft Polen-Litauens und später gegen den Anschluss seines Staates zum Zarenturm Russlands.

Während dieser langjährigen Ausschreitungen standen sich im Wesentlichen zwei Parteien gegenüber: die Zaporoger-Kosaken und Polen-Litauen. Dazu muss man sagen, dass das Verhältnis schon immer zwiespältig war, da die Kosaken für die polnische Krone einerseits eine unerwünschte Alternative und andererseits militärische Unterstützung darstellten. Viele dieser Kosaken haben als Registerkosaken im Heer dem polnischen König gedient und sollten u.a. vor den Krimtataren (sprich dem Wilden Feld) schützen. Für ihre Dienste erhielten sie vom König Privilegien zugesprochen. Ungeachtet dessen kam es zu blutigen Auseinandersetzungen, die nicht nur aus der zunehmenden Willkür polnischer Landbesitzer gegenüber der ruthenischen Landbevölkerung resultierten. Auch wirtschaftliche Ausbeute, wie im Fall vom Chmelnyzkyj und starker religiöser Druck auf die Orthodoxie[10] waren Beweggründe, die zu dem Aufstand führten.

Ein erster Lösungsversuch dieses Konfliktes fand 1649 mit dem Vertrag von Zboriv statt, scheiterte allerdings an der Unzufriedenheit des damaligen polnischen Königs, Władysław IV. Wasa (1632-1648). Der genannte Vertrag sah eine Errichtung eines Herrschaftsverbandes nach Vorbild der Heeresorganisation des Kosaken unter Führung von Chmelnyzkyj als

---

[10] Dieser Druck wuchs besonders nach der Union von Brest im Jahre 1596. Die Kirchenunion war ein Vertrag zwischen der ruthenisch-orthodoxen und der römisch-katholischen Kirche, wodurch die griechisch-orthodoxen Bischöfe des damaligen Ostpolens dem römisch-katholischen Oberhaupt unterstellt wurden.

Hetman vor. Für Władysław IV. bedeutete dies allerdings, dass ein großer Teil der Ukraine Autonomie enthält und somit politisch, verwaltungsmäßig und kulturell unabhängig wäre. Aus diesem Grund schlug Polen-Litauen 1651 unerwartet zurück, weshalb die Kosaken unter Führung ihres Hetmans bei Alexej I. um Unterstützung baten. Nach längerem Zögern um des Friedens willen zwischen dem Zarenreich und der Rzeczpospolita, der 1618 mit dem Vertrag von Deulino für 14 ½ Jahre festgelegt wurde, stimmte der Zar 1654 schließlich doch zu. Mit der Unterzeichnung des Vertrages von Perejaslav versicherte Alexej I. Chmelnyzkyj seine volle Unterstützung. Im Gegenzug mussten die Kosaken sich den Zaren Unterordnen und einen Treueeid ablegen. Wohingegen die Kosaken eher ein temporäres Abkommen zweier unabhängiger Staaten im Sinn hatten, wurde dies von russischer Seite als Eingliederung des Hetmanats an das Moskauer Reich interpretiert. Dies führt auch heute noch gelegentlich zu Spannungen, da beklagt wird, dass die Kosaken vom Zaren betrogen wurden.

Mit der Einmischung des Moskowitischen Reiches in einen polnisch-litauischen Konflikt, entfachte ein neuer Russisch-Polnischer Krieg[11], der als Fortsetzung des Chmelnyzkyj-Aufstandes angesehen werden kann. Diese Auseinandersetzung endete schließlich mit dem Vertrag von Andrussowo (siehe Anhang 5.2.) im Jahre 1667, der die jahrhundertelange polnisch-litauische Dominanz in Osteuropa zu Gunsten Russlands beendete. Eine Annullierung der Gebietsgewinne, die aus dem Vertrag von Deulino (siehe Anhang 5.2.) hervorgingen, fand statt. Die Woiwodschaften von Smolensk, Tschernihiw, die linksufrige Ukraine und der Streifen westlich des Dnjepr um Kiew fielen in russische Hände. Bedeutend für die weitere Entwicklung des Zarenreiches war unter anderem die Aneignung Kiews und somit der Mohyla Akademie, die bereits in der Textanalyse erwähnt worden war.

3.3.) Dritter Südslavischer Einfluss

Nach der Gebietserweiterung, die aus dem Vertrag von Andrussowo resultierte, wurde immer deutlicher, wie reformbedürftig die Moskauer Kirche eigentlich ist. Besonders im Vergleich zur orthodoxen Kirche in Kiew, die einige Jahre vorher noch zu Polen-Litauen gehörte und somit sowohl die Reformation, als auch die Gegenreformation mitmachte, wurde klar, dass Moskau nicht mithalten konnte. Um aus der Rückständigkeit zu kommen, mussten daher Reformen her. Dieser Aufgabe widmete sich Nikon, der ab 1652 als Patriarch von Russland tätig war. Seine eingeleiteten Kirchenreformen hatten zum Ziel, Abweichungen in der russisch-orthodoxen Liturgie und Tradition zu beseitigen. Er vertrat die Meinung, dass eine

---

[11] Weiterer Ausbruch der jahrhundertealten Rivalität um die ruthenischen Gebiete, die Russland aufgrund zahlreicher Faktoren (u.a. Religion) als Teil seines Gebietes betrachtet (Erbe)

Revision anhand griechischer Originale stattfinden müsse, da sich Fehler beim Kopieren der Texte eingeschlichen hatten. Problematisch stelle sich allerdings die Berufung der notwendigen Geistlichen dar. Denn anders als bei der Revision des 14./15. Jahrhunderts, konnte Bulgarien nicht aushelfen, da es von den Osmanen besetzt war. Auch Byzanz ist bereits 1453 gefallen. Aus diesem Grund wand Nikon sich an Kiew und die dortige Mohyla-Akademie, die - wie bereits erwähnt - u.a. die damalige Elite ausbildete. Einer dieser Gelehrten war Simeon Polozki, der als Hofdichter und persönlicher Lehrer der Zarenfamilie diente. Er stellt ein perfektes Beispiel für die sprachliche Geschicklichkeit der Absolventen der Akademie Kiews dar. Zu den Nikonschen Reformen zählten neben der Revision der liturgischen Werke auch einige tiefgreifende Veränderungen der orthodoxen Riten, wie beispielsweise die Ersetzung des Zweifingerkreuzes durch das Dreifingerkreuz. Allerdings gefielen diese zahlreichen Veränderungen nicht allen Gläubigen, weshalb es bereits 1666 zu einem ostslavischen Schisma innerhalb der orthodoxen Kirche kam. Die Altgläubigen spalteten sich ab und bildeten eine Gegenbewegung, die sich gegen Nikon und seine Reformen stellte.

Die Revision der liturgischen Bücher durch Gelehrte und Geistige aus Kiew ist auch unter dem Namen *Dritter Südslavischer Einfluss* bekannt. Paradox ist allerdings, dass der südslavische Raum hier keine wirkliche Rolle spielt. Im Gegenteil, es wurde ein Einfluss aus dem Westen ins Land geholt, wodurch man ein Kirchenslavisch mit ruthenischen Einfärbungen erhielt. Nicht umsonst spricht Uspenskij (1987) in seiner Arbeit von *югозападнорусское влияние* (dt. südwestrussischer Einfluss). Denn vom Standpunkt Moskaus aus, liegt Kiew südwestlich.

Betrachtet man diese Erkenntnisse genauer, kann man behaupten, dass das zuvor gesetzte Ziel nicht erreicht wurde. Es fand keine Rückkehr zum reinen Kirchenslavisch statt, auch wenn griechische Originale verwendet wurden.

4.) Fazit

Zusammenfassend kann gesagt werden, dass der Aufstieg Moskaus und der Untergang der Rzeczpospolita im Wesentlichen mit dem Chmelnyzkyj-Aufstand in Verbindung stehen. Durch das Eingreifen des Zaren Alexej I. kam es zu einem erneuten Konflikt zwischen Polen-Litauen und dem Moskowitischen Reich. Dieser endete schließlich damit, dass der Vertrag von Andrussvo unterzeichnet wurde. Mit dieser Unterzeichnung verlor Polen-Litauen seine jahrhundertelange Dominanz in Osteuropa zu Gunsten des russischen Zarenreiches. Ab diesem Zeitpunkt ging es für die Rzeczpospolita abwärts, bis es schließlich zu den drei

Teilungen Ende des 18. Jahrhunderts kam. Erst 1918 tauchte Polen wieder als souveräner Staat auf der Weltkarte auf. Die territoriale Ausdehnung des Zarenreiches bedeutete allerdings nicht nur Gebietsgewinnung. Aufgrund der Tatsache, dass Kiew und die Mohyla-Akademie nun zu Russland gehörten, wurde in Moskau klar, wie rückständig und reformbedürftig man eigentlich ist. Besonders die orthodoxe Kirche war davon betroffen, was schließlich zum Dritten Südslavischen Einfluss und den Nikonschen Reformen führte. Mit der Berufung Gelehrter aus Kiew brachte Moskau sich allerdings noch viel mehr ins Land. Ein gutes Beispiel hierfür ist Polozki, der den Zaren Alexej I. mit seiner literarischen Arbeit derart begeisterte, dass dieser ihn als Hofdichter und persönlichen Lehrer der Zarenkinder beschäftigte. Daher verwundert es kaum, dass Alexej I. und seine Kinder besonderes Interesse an westlicher Kultur zeigten.

Auch auf sprachlicher Ebene lässt sich dieser Kontakt gut erkennen, denn immer mehr Lehnworte fanden ihren Weg ins Ostslavische, die auch noch im heutigen Russisch vorhanden sind.

5.) Anhang

5.1.) Gedicht: *беседа со планиты*

Рците, планиты, что вы свыше Симеону

Божиим изволом дасте во место поклону?

Луна

Луна: Аз турков знамя, прекланяю роги

Свои з выями турков Симеону в ноги.

Ермий

Меркурий: Аз премудрость щасте предлагаю,

Чест(ь) и остроумие сими почитаю.

Афродита

Венус: Красоту плоти токмо даю тебе,

Ничто бо ми есть твоей угодно потребе.

Слонце

Слонце златосветлое: Везу в колеснице

Здравство, силу, щасте, борзость сей деннице.

Арей

Марс: Аз владно оружец храбрством почитаю

И на гордыя враги острый мечь вручаю.

Дий

Иовий: Аз что могу любве паче дати? —

Приязнь, честность и мерност(ь), благост(ь), правду знати.

Крон

Сатурн: Аз не имам, что дати Симеону,

Да буду подножие грядущу к Сиону.

(Quelle: http://starbel.narod.ru/sp/planity.htm)

5.2.) Vertrag von Deulino (Karte)

Abbildung 1: Territoriale Ausdehnung Polen-Litauen (Vertrag von Deulino)
(By User: Mathiasrex Maciej Szczepańczyk, based on layers of User: Halibutt - Own work, CC BY-SA 3.0, https://commons.wikimedia.org/w/index.php?curid=17372909)

5.3.) Vertrag von Andrussowo (Karte)

Abbildung 2: Territoriale Ausdehnung Zarenreich (Vertrag von Andrussowo)
(By User: Mathiasrex Maciej Szczepańczyk, based on layers of User: Halibutt - Own work, CC BY-SA 3.0, https://commons.wikimedia.org/w/index.php?curid=17364648)

Die Abbildungen wurden für die Publikation entfernt, sind aber unter den angegebenen Links zu finden.

6.) Quellenverzeichnis

Alexander, M. (2003): *Kleine Geschichte Polens*. Stuttgart: Reclam.

Almedingen, E. M. (1966): *Die Romanovs. Geschichte einer Dynastie*. Wien - München - Zürich: Verlag Fritz Molden

Davies, N. (2000): *Im Herzen Europas*. München: C. H. Beck.

Hentschel, G. (1997): *Rußland, Weißrußland, Ukraine: Sprachen und Staaten der „slavischen Nachfolge" von Zarenreich und Sowjetunion.*. In: Hentschel, G (Hrsg.): *Über Muttersprachen und Vaterländer*. Franfurt am Main: Peter Lang. S. 211 – 240.

Heyde, J. (2006): *Geschichte Polens*. München: C. H. Beck.

Isačenko, A. (1980): *Geschichte der russischen Sprache*. Heidelberg: Winter.

Kappeler, A. (1994): *Kleine Geschichte der Ukraine*. München: C. H. Beck.

Kappeler, A. (2016): *Russische Geschichte*. München: C. H. Beck.

Sazonova, Lydia (2016): *Rifmologion. Eine Sammlung höfisch-zeremonieller Gedichte*. Böhlau Verlag.

Sobik, M. (1969): *Polnisch-russische Beziehungen im Spiegel des russischen Wortschatzes*. Meiesenheim: Verlag Anton Hain.

Stadelmann, M. (2008): *Die Romanovs*. Berlin: Kohlhammer Urban.

Uspenskij, B. (1987): *Istorija russkogo literaturnogo jazyka (XI - XVII)*. München: Sagner.

BEI GRIN MACHT SICH IHR WISSEN BEZAHLT

- Wir veröffentlichen Ihre Hausarbeit, Bachelor- und Masterarbeit

- Ihr eigenes eBook und Buch - weltweit in allen wichtigen Shops

- Verdienen Sie an jedem Verkauf

Jetzt bei www.GRIN.com hochladen und kostenlos publizieren